Simone Baldelli

STAI SERENO!
MICA TANTO...

Youcanprint *Self-Publishing*

Titolo | STAI SERENO! MICA TANTO...
Autore | Simone Baldelli

ISBN | 978-88-91178-71-8

Youcanprint Self-Publishing
Via Roma, 73 - 73039 Tricase (LE) - Italy
www.youcanprint.it
info@youcanprint.it
Facebook: facebook.com/youcanprint.it
Twitter: twitter.com/youcanprintit

Al Professor Ettore Borzacchini,
"uom di multiforme ingegno",
maestro nel far satira
di scritto e di disegno

INDICE

INTRODUZIONE

Tra le esperienze più divertenti della mia giovinezza politica e giornalistica, c'è stata senza dubbio quella di aver lavorato per oltre cinque anni come vignettista satirico del quotidiano L'Opinione. Dopo quel periodo mi sono dedicato ad altre attività, pur continuando a pubblicare sporadicamente qualcosa su diversi giornali.

All'inizio del 2014, Renato Brunetta, che da poco aveva preso la direzione de Il Mattinale, una sorta di "house organ" azzurro, mi ha chiesto di riprendere in mano la matita per raccontare, attraverso disegni e battute satiriche, una stagione politica che già si preannunciava gravida di spunti particolarmente significativi.

Giorno dopo giorno le vignette venivano pubblicate su Il Mattinale, talvolta riprese da qualche testata giornalistica nazionale, e postate sui miei account di Facebook e Twitter, ottenendo un sorprendente successo di visualizzazioni rispetto alle poche migliaia di persone che mi seguono sui social network.

Da questo piccolo exploit nasce l'idea di raccogliere, commentare e pubblicare gran parte di queste immagini satiriche, offrendo così al lettore un viaggio illustrato tra i fatti più importanti dell'ultimo anno, dalla sentenza sul cosiddetto "porcellum" all'arrivo di Renzi a Palazzo Chigi, dalle elezioni europee all'eliminazione della nazionale ai mondiali di calcio, dagli 80 euro al Jobs Act, dalle elezioni regionali di Calabria ed Emilia alla strage di Charlie Hebdo, e poi ancora: scandali, annunci, patti, slide, decreti, voti di fiducia, traghettamenti, complotti, sentenze, riforme, selfie e tanto altro, fino all'elezione di Sergio Mattarella al Quirinale.

Tutto questo, nella paradossale speranza che, in un'epoca in cui tutto viene brutalmente semplificato sull'altare della fretta, sia la satira ad offrirci uno spunto per una riflessione più seria ed approfondita sugli eventi e sulle contraddizioni, e talvolta anche sui drammi, che a volte ci troviamo a vivere.

RINGRAZIAMENTI

A tutti coloro che, in ogni parte del mondo, affermano e difendono la libertà di espressione e la libertà di satira.

A Silvio Berlusconi, protagonista di tantissime cose, tra cui diverse vignette presenti in questa raccolta, per l'ironia e l'autoironia con cui le ha sempre apprezzate.

Agli esponenti politici, del mio e di altri gruppi, che si sono lasciati "punzecchiare" con grande *sense of humor* dalla matita di 'Baldo'.

A Renato Brunetta, per le pubblicazioni, con o senza vignette, già realizzate, e per lo spazio che mi ha offerto su Il Mattinale di Forza Italia.

Ad Arturo Diaconale, che da direttore de L'Opinione, negli anni '90, mi ha dato l'occasione di scoprire questa divertente passione per il disegno satirico, e di lavorare, per oltre cinque anni, come vignettista di prima pagina del suo quotidiano.

Al *maestro* Vincenzo Gallo, meglio noto al pubblico come 'Vincino', a cui, in questo volume, ho voluto dedicare un piccolo omaggio sperimentale di vignetta-imitazione.

Un grazie speciale, inoltre, a Claudia Mariotti, per avermi aiutato e sopportato (non è un refuso) nella realizzazione di questa iniziativa. A Francesco Frattarelli, Stefania Profili e Antonio Maglietta, che hanno curato e coordinato l'impaginazione del volume; a Giulia Mancini e Silvia Cioce che hanno seguito la grafica delle immagini.

E, infine, un grazie particolare a Marta Lluvia, la mia collaboratrice artistica, che ha incoraggiato e sostenuto con l'entusiasmo di sempre anche questa mia iniziativa. E per l'incredibile entusiasmo, che, sono certo, metterà nella prossima...!

PREFAZIONE

Ho conosciuto Simone Baldelli nel 2002. Aveva quasi 30 anni ed era il capo del movimento giovanile di Forza Italia.

Mi pareva strano che Forza Italia avesse un movimento giovanile e mi pareva anche strano che fosse guidato da un trentenne. E mi pareva altresì strano che fosse famoso soprattutto perché disegnava vignette di satira, cantava, suonava la chitarra e faceva le imitazioni.

Mi pareva strano anche che politicamente fosse nato a sinistra (Claudio Signorile, Claudio Martelli) per approdare a destra (Forza Italia) e lavorare a fianco di un democristiano (Claudio Scajola). E che fosse stato un giovane socialista che non votava socialista (era anticraxiano), ma Lista Pannella (ma era antipannelliano).

Naturalmente mi sembrava strano che la sua vita fosse segnata da tre Claudio e che ad intervistarlo per la prima volta per un giornale importante (il magazine del Corriere della Sera) fosse un altro Claudio, io. Mi pareva strano il suo pantheon culturale: Nanni Moretti, Francesco De Gregori, Massimo Troisi, Roberto Benigni.

L'intervista venne bene. Piacque a me, al mio direttore ed ai lettori. Simone era bravo a rispondere. Essendo un berlusconiano era bravo anche ad intortare.

A quei tempi le mie interviste erano sul fenomeno degli adulatori. Ovvio che gli chiedessi di dimostrami che non era un adulatore. Dimmi due difetti di Berlusconi. «Berlusconi è uno che si alza la mattina, si guarda allo specchio e vede Berlusconi. Il difetto di Berlusconi è quello di essere convinto di essere Berlusconi». Simone... «L'altro difetto è che tante volte Berlusconi non è troppo convinto di essere Berlusconi».

Non c'era più nulla da capire. Simone Baldelli era ormai un berlusconiano a tutto tondo. Un grande intortatore.

Ah, dimenticavo. Simone ha disegnato un casino di vignette. Ma è inutile che ve ne parli. Se avete comprato questo libro, potete guardarle. Senza che continui ad annoiarvi.

Claudio Sabelli Fioretti

GENNAIO

13 gennaio 2014
BENE! BRAVO! BIS!

Enrico Letta si sente accerchiato e tenta di uscire dall'angolo rilanciando l'azione di governo con un 'Letta bis', nella speranza di rimanere in sella. Ma probabilmente il neo segretario del PD, Matteo Renzi, ha già fatto le sue scelte...

14 gennaio 2014
IL PORCELLUM È SERVITO!

Con una sentenza shock la Consulta affonda la legge elettorale in vigore e ripristina, per entrambi i rami del Parlamento, la legge proporzionale con preferenze, in vigore per la Camera prima del "Mattarellum": un terremoto annunciato che è andato oltre le aspettative...

15 gennaio 2014
LOGORII

Nell'aria ancora riecheggia l'hastag #STAISERENO di Matteo Renzi a Enrico Letta, e già inizia tra i due il "giochino di chi logora chi". Dice il neosegretario del PD: "Se Letta si logora è perché governa male". Secondo una massima di Andreotti, invece, il potere logora chi non ce l'ha...

17 gennaio 2014
NUOVI MESTIERI...

Scoppia lo scandalo delle intercettazioni realizzate in casa del ministro Nunzia De Girolamo, in un'epoca in cui la stessa De Girolamo era una semplice deputata. Subito scatta il processo mediatico, ma non fa scandalo chi ricatta l'avversario politico attraverso l'arma della registrazione privata illegale.

20 gennaio 2014
MODELLI ELETTORALI

Emergono le prime indiscrezioni sulla bozza di accordo sulla legge elettorale. Si parla di modello spagnolo, di sindaco d'Italia... Ognuno spara la sua.

21 gennaio 2014
A CASA I MARÒ!

Tengono banco le nostre beghe interne, ma ci sono questioni internazionali delicate che dovrebbero essere sempre al primo punto nell'agenda della politica del Paese.

22 gennaio 2014
ANCORA DIMISSIONI...

Nel Partito Democratico le dimissioni sono ormai all'ordine del giorno. Pierluigi Bersani, colpito da un malore, ha subito un'operazione piuttosto delicata. Dopo qualche giorno arrivano le sue dimissioni dall'ospedale, motivo di grande serenità per tutti.

23 gennaio 2014
LEGGE ELETTORALE E RETE

Ancora una volta Grillo affida alla rete le proposte del M5S. Che ci sia un vuoto di idee?

24 gennaio 2014
CONFLITTI DI INTERESSI

I giorni di Letta sembrano ormai contati e per rilanciarsi il Presidente del Consiglio punta su un vecchio cavallo di battaglia azzoppato della sinistra: il conflitto di interessi. E chi governa senza avere i voti degli elettori?

26 gennaio 2014
20 ANNI DI FORZA ITALIA

Ed ecco Berlusconi, ventenne più che mai, nel giorno del ventesimo anniversario di Forza Italia.

28 gennaio 2014
PREFERENZE E COERENZE

Tra i detrattori, anche autorevoli, del "porcellum" che inneggiano alle preferenze, ci sono molti che hanno votato a favore di quella legge elettorale.

28 gennaio 2014
GHIGLIOTTINA IN PARTENZA...

Il decreto 'Imu-Bankitalia' è in scadenza e il Presidente della Camera Laura Boldrini è pronta a usare la ghigliottina: strumento, mai applicato in precedenza, che prevede la messa in votazione finale del testo di un decreto, anche in presenza di ostruzionismo dell'opposizione, qualora ci si trovi in prossimità della scadenza del decreto stesso.

30 gennaio 2014
DIBATTITO VIVACE

Dopo l'applicazione della 'ghigliottina' da parte della Presidente della Camera, si è passati dal dibattito al tumulto parlamentare, con la successiva invasione dell'emiciclo da parte dei parlamentari a 5 stelle. Schiaffi e tensioni.

31 gennaio 2014
QUESTO PARLAMENTO NON È UN ALBERGO!

I deputati del Movimento 5 Stelle occupano le commissioni parlamentari Affari costituzionali e Giustizia per impedire la prosecuzione dei lavori, che però andranno avanti ugualmente...

FEBBRAIO 2014

4 febbraio 2014
PREFERENZE?

Mentre la Commissione Europea si lamenta che l'Italia non abbia fatto abbastanza contro il voto di scambio, qualcuno, tra i nuovi moralizzatori della politica vorrebbe il ritorno alle preferenze...

5 febbraio 2014
NAPOLITANO ALLA UE

In occasione dell'incontro con gli eurodeputati italiani, Napolitano rimbrotta l'Unione Europea. Criticare l'Europa non è più un tabù. Era ora!

7 febbraio 2014
ANCORA POLEMICHE AL SENATO

Il Senato, per volontà di Grasso e contro il parere della maggioranza dell'ufficio di Presidenza, decide di costituirsi parte civile al processo sulla presunta compravendita dei senatori, in occasione della caduta del governo Prodi. Ricostruire in tribunale vicende politiche che hanno nomi e cognomi è singolare, ma aggravare questa tendenza con forzature istituzionali è ancora peggio.

10 febbraio 2014
STAFFETTE DI OGGI E DI IERI

Continua a montare la polemica sul ruolo del Presidente della Repubblica Napolitano nella staffetta tra Berlusconi e Monti. Qualcuno pensa che questo possa essere un qualche strumento di pressione per agevolare quella tra Letta e Renzi.

12 febbraio 2014
GIOCHI DI CASA NOSTRA

Anziché rispettare tutte le tappe previste dal gioco della politica e da quello della democrazia, sembra che Renzi stia per lanciare il dado e saltare direttamente un passaggio non secondario: quello delle elezioni.

14 febbraio 2014
C'ERA UNA VOLTA 'IMPEGNO ITALIA'

'Impegno Italia' era l'agenda di Enrico Letta per rilanciare il suo programma di governo. Ormai è ovvio che a impegnarsi sarà qualcun altro.

14 febbraio 2014
LE CONSEGUENZE DELLA CRISI

La sofferenza dei parlamentari della ex maggioranza, nel momento della crisi di governo, è grande, ma è una sofferenza con l'apostrofo.

17 febbraio 2014
QUASI QUASI È UN SACRIFICIO...

Per Renzi sembra che andare al governo, senza passare per le elezioni e senza fare la campagna elettorale, sia quasi un sacrificio e un disturbo che si prende per il nostro bene. Qualcuno diceva una volta "Non lo fo' per piacer mio, ma per dare un figlio a Dio".

18 febbraio 2014
DOPO L'AGENDA MONTI

Il calendario renziano sembra voler procedere a tappe serrate, ma i tempi della politica e delle istituzioni sono molto diversi da quelli dei proclami.

CALENDARIO RENZIANO

GENNAIO – LETTA CONTINUA

FEBBRAIO – DIREZIONE GOVERNO RIFORME

MARZO – LAVORO

APRILE – P.A.

MAGGIO – FISCO

GIUGNO – GNOCCHI

LUGLIO – PAESE CAMBIATO

AGOSTO – VACANZE

SETTEMBRE – RIAPERTURA SCUOLE

OTTOBRE – INVENTARSI QUALCOSA

NOVEMBRE – PURE

DICEMBRE – IMMACOLATA/NATALE

18 febbraio 2014
CORSA AL PROGRAMMA

Dalle rivelazioni del libro di Friedman pare che Monti sapesse già da alcuni mesi, dall'estate del 2011, di dover assumere l'incarico di Presidente del Consiglio dopo Berlusconi. Forse era per questo che si è trovato già molto avanti con il programma di governo. Renzi sembra avere il problema opposto...

19 febbraio 2014
TORNA LA *PAR CONDICIO*

Berlusconi, nel corso delle consultazioni con Renzi per il nuovo governo, dichiara di essere felice che ci sia un Presidente del Consiglio incaricato che ha la metà dei suoi anni e tira fuori, nuovamente, il tema della *par condicio*...

19 febbraio 2014
SIMPATIE...

Sembra evidente che tra i due ci sia una certa simpatia e, d'altra parte, non potrebbe essere diversamente: se siamo passati dai comunisti che mangiavano i bambini ai bambini che mangiano i comunisti il merito storico è di Berlusconi...

20 febbraio 2014
STREAMING-MANÌA

Renzi e Grillo sfiorano la rissa in streaming. E pensare che qualcuno vorrebbe mettere in streaming persino le sedute delle commissioni parlamentari. Altro che l'incontro di pugilato tra Renzi e Grillo...

20 febbraio 2014
LEGGE ELETTORALE A SCOPPIO RITARDATO

Gli assegni post datati sono illegali. E le riforme elettorali post datate?

21 febbraio 2014
MALI MODERNI = RIMEDI ANTICHI

Si parla di nomine di governo. Il manuale di Massimiliano Cencelli era una guida pratica sui pesi di ciascuna singola postazione di Governo, in base alle percentuali dei partiti. È un manuale di cui si fece largo uso nella 'Prima Repubblica' e sembra che anche nella 'Terza Repubblica'...

21 febbraio 2014
DAL GOVERNO RENZI-ALFANO...

Cambiano i premier, ma Alfano rimane al suo posto, perde solo la vice presidenza del consiglio dei ministri. Renzi ha silurato Letta, ma deve tenersi NCD.

22 febbraio 2014
PAROLA DI BOY SCOUT

Renzi giura al Quirinale; ma è uno dei soliti giuramenti di Renzi?

22 febbraio 2014
NEOMINISTRI E SORRISI

Cerimonia del giuramento al Quirinale con i nuovi ministri molto sorridenti. E non è difficile capire perché...

23 febbraio 2014
ELEZIONI IL 25 MAGGIO...

La travagliata vicenda dell'Ucraina passa attraverso le dimissioni di Yushchenko e la fissazione della data delle nuove elezioni nel giorno del 25 maggio. Anche in Italia qualcuno pensa che bisognerebbe fare le elezioni prima di cambiare un governo, ma il 25 maggio in Italia si vota solo per le elezioni europee, per le politiche se ne riparla chissà quando...

24 febbraio 2014
OCCHIO AI BOT

Neanche il tempo di fare il governo e subito il braccio destro di Renzi, Delrio, va dalla Annunziata e spara la sua prima frase infelice, prendendosela con signore anziane e risparmi degli italiani.

27 febbraio 2014
BLOCCA ROMA

Il sindaco Marino, a seguito della decadenza del decreto salva-Roma, minaccia di bloccare la città. Oltre il ridicolo...

27 febbraio 2014
MOVIMENTO 4 STELLE E MEZZO

Erano cinque stelle. Poi dopo le espulsioni...

28 febbraio 2014
EMERGENZA LAVORO

Ogni giorno da anni è emergenza disoccupazione. Per fortuna ci penserà il governo Renzi...

MARZO 2014

3 marzo 2014
POMPEI E DINTORNI

Ai tempi del governo Berlusconi, quando Bondi era ministro dei beni culturali, Franceschini, allora capogruppo del Partito Democratico, di fronte ai crolli nella necropoli campana chiese le dimissioni di Bondi. Oggi Franceschini è ministro al posto di Bondi e i crolli continuano...

3 marzo 2014
OSCAR ELETTORALE

È il momento di Gambardella e Lauricella: il primo personaggio vince l'Oscar per il miglior film straniero con 'La Grande Bellezza'; il secondo vince l'Oscar per l'emendamento più controverso della legge elettorale: ne chiede il posticipo dell'entrata in vigore...

4 marzo 2014
I BAMBINI CI GUARDANO...

Il caso dell'emendamento Lauricella è su tutti i mass media: far durare la legislatura il più a lungo possibile fa comodo a molti...

6 marzo 2014
LO SPREAD E IL GRANDE IMBROGLIO

Brunetta ha scritto un libro per spiegare che quello dello spread è stato un grande imbroglio. Ma quando si vuole imbrogliare ogni scusa è buona e persino il crollo dello spread a 175 sarebbe stato per qualcuno un ottimo pretesto per chiedere le dimissioni di Berlusconi.

7 marzo 2014
IL POKERISTA

A volte i grandi giocatori di poker sono in grado di lasciar credere all'avversario di avere delle carte molto importanti in mano, anche quando non ce le hanno: si chiama bluff...

10 marzo 2014
LE BAMBINE CI GUARDANO

Ormai ogni cosa detta contro un avversario politico donna rischia di essere bollata come sessista.

11 marzo 2014
MERITO E QUOTE

Sulla cosiddetta parità di genere nella legge elettorale si scalda in modo surreale il clima politico. Qualcuno, o qualcuna, vuole farci credere che questa sia la battaglia su cui si decideranno le sorti del Paese...

12 marzo 2014
LA CAMERA APPROVA L'ITALICUM

Nonostante le questioni sulle quote di genere, sulle preferenze e sulle soglie, la legge elettorale viene approvata dalla Camera dei Deputati. Ora si passa al Senato, dove le crepe maggiori non sono tra Renzi e Forza Italia...

13 marzo 2014
DOV'È LA COPERTURA?

Come per il 'gioco delle tre carte' anche nel 'gioco delle coperture' servono due o più possibilità di puntata, un compare e un ingenuo avventore...

17 marzo 2014
LE EUROPEE E L'INCUBO DELLA SINISTRA...

Si continua a dibattere sulla possibilità o meno per Berlusconi di candidarsi in prima persona alle elezioni europee.

17 marzo 2014
TIMORI E RIMEDI

L'abile mossa del giocoliere Renzi sposta l'arrivo in busta paga degli 80 euro a dopo la data delle elezioni europee. "Prima pagare moneta, poi vedere cammello".

18 marzo 2014
LA SORPRESA DELLA MERKEL

Angela Merkel incontra Renzi e dice di aver notato un positivo cambiamento strutturale. A cosa si riferisce?

19 marzo 2014
SENTENZE E POLITICA

Il popolo di Forza Italia vive come un grande torto l'interdizione di due anni di Silvio Berlusconi. Per qualunque comune cittadino l'interdizione dai pubblici uffici è una pena accessoria, ma per un leader politico (e per i suoi elettori) assume una rilevanza enorme, con gravi conseguenze sulla vita democratica.

19 marzo 2014
VERSO IL CONSIGLIO EUROPEO

Mentre Renzi gioca il ruolo dell'europeista, cresce il malcontento nei confronti di una Unione europea vista come sempre più distante. L'euroscetticismo inizia, paradossalmente, a diventare una bandiera politica da sventolare proprio per prendere più voti alle elezioni europee.

19 marzo 2014
IL TEMPO DEI COMIZI

Se avesse fatto la campagna elettorale per arrivare a Palazzo Chigi, Renzi avrebbe potuto esibirsi con i suoi comizi in sedi più appropriate rispetto alle Aule parlamentari.

24 marzo 2014
STIPENDI MANAGER E INTERESSI DI COLLISIONE

Botte da orbi tra Della Valle e l'ingegner Moretti, amministratore delegato di Trenitalia. Moretti non vuole farsi abbassare lo stipendio da 850,000 euro (ad averceli problemi del genere!) e la reazione più violenta è di Della Valle, che è azionista principale del maggior concorrente di Ferrovie dello Stato, Italo.

24 marzo 2014
AMMINISTRATIVE FRANCESI: SORRISINI AMARI

Dalle amministrative francesi arriva l'ennesimo segnale della crescita del fronte anti-europeista. L'Europa dei sorrisini comincia a prendere qualche sonoro sganassone anche Oltralpe?

25 marzo 2014
ANNUNCI E SUCCESSIVE MODIFICAZIONI

Vignetta premonitrice su quello che rischierà di accadere sull'annuncio degli 80 euro in busta paga.

27 marzo 2014
OBAMA A ROMA

Siamo in pieno tormentone Renzi, e Obama, che aveva già da tempo programmato una visita di Stato a Roma, incontrerà anche il nuovo giovane premier italiano. Ovviamente tutti i maggiori giornali raccontano che Obama è venuto ad incontrare Renzi e, nel tempo libero, ha infilato una visitina a Papa Francesco.

28 marzo 2014
DECRETO LAVORO: ARRIVA LA FIDUCIA?

Il decreto lavoro affronta il problema della flessibilità e crea grossi malumori all'interno del Partito Democratico, mentre Forza Italia sembra disponibile a sostenerlo. Paradossalmente sembra essere proprio Forza Italia a minacciare la fiducia per zittire le polemiche nel Partito Democratico.

31 marzo 2014
RIFORME UN TANTO AL CHILO

Si parla delle riforme come se fosse possibile farne un tanto al chilo... E in tutto questo ci mette del suo il Presidente del Senato, Grasso, che interviene a gamba tesa contro il Presidente del Consiglio e apre uno scontro istituzionale.

APRILE 2014

1 aprile 2014
RIFORME ED IMPEGNI

Al Governo manca un passaggio importante rispetto agli impegni presi: quello della campagna elettorale. Renzi sostiene di essersi impegnato con gli italiani, ma gli italiani non si sono ancora mai impegnati con lui.

2 aprile 2014
NOVITÀ AUSTRALIANE

Dall'Australia giunge una notizia che manda nel pallone i tifosi delle quote di genere in Italia: oltre a maschio e femmina ci sarà la possibilità di scrivere sulla carta d'identità il genere non specifico.

3 aprile 2014
IL 3X1 SUL DDL DELRIO

I sindaci delle grandi città saranno probabilmente anche sindaci delle aree metropolitane e senatori. Come al supermercato: voti 1 e prendi 3.

3 aprile 2014
IL PD E I DOPPI INCARICHI

C'era una volta la polemica contro i doppi incarichi...

4 aprile 2014
DEF IN ARRIVO

Il governo si appresta a varare il documento economico e finanziario che dovrà contenere le indicazioni su come e quando arriveranno gli 80 euro.

7 aprile 2014
ULTIMATUM PASQUALE...

Brunetta lancia l'ultimatum al Governo: la legge elettorale entro Pasqua.

9 aprile 2014
DEF O GUF?

Secondo Renzi ci sono i "gufi" che vogliono male al Paese e di conseguenza bisogna difendere il DEF. Ma prima di difenderlo bisognerebbe almeno finire di scriverlo...

10 aprile 2014
ROBIN HOOD

Se aumentano le tasse per le banche, poi è possibile che le stesse banche si rivalgano sui correntisti attraverso gli aumenti dei servizi?

11 aprile 2014
LA VIGILESSA A PALAZZO CHIGI

Renzi porta a Palazzo Chigi la capa dei vigili urbani di Firenze. Secondo la Corte dei Conti la signora non avrebbe i requisiti per ricoprire l'incarico che il premier le ha assegnato. Il titolo è surreale.

11 aprile 2014
TROVATA ELETTORALE

Figuraccia della maggioranza: manca alla Camera il numero legale. Non succedeva dal 2007...

14 aprile 2014
SCAMBIO DI SENATORI

C'è polemica per l'estradizione di Marcello Dell'Utri dal Libano. Nel frattempo Paolo Bonaiuti, ex portavoce di Silvio Berlusconi, trasloca in NCD.

15 aprile 2014
VERTICE BERLUSCONI-RENZI

Dopo l'incontro tra Renzi e Berlusconi il percorso delle riforme sembra rafforzarsi. Il resto meno...

15 aprile 2014
NOMINE PESANTI

È la prima vera prova di potere del governo Renzi. Vengono varate le nomine delle grandi controllate di Stato. Anche il potere ha un prezzo, ma chi lo paga?

16 aprile 2014
DIVIETO PER BERLUSCONI

L'agibilità politica di Silvio Berlusconi, in vista delle elezioni europee, è limitata dalla decisione del Tribunale di Milano. Questo non gli impedirà di giocarsi una partita molto difficile e ambiziosa.

18 aprile 2014
HO TANTA EURO

Non si parla di altro che degli ottanta euro. Neanche fossero già stati dati...

22 aprile 2014
LA BOSCHI E IL SENATO ELETTIVO

A volte sarebbe bene domandarsi perché si parla da tanto tempo di alcune riforme senza farle...

23 aprile 2014
PARTITA DEL CUORE

Dopo molte polemiche Renzi decide di non giocare la "Partita del Cuore". Ma c'è sempre qualcuno pronto a scendere in campo...

23 aprile 2014
SEGRETO DI STATO

Il Governo abolisce il segreto di Stato, ma in realtà si tratta di atti già a disposizione della magistratura.

24 aprile 2014
VIGNETTA SIMIL-VINCINO

È il primo caso di vignetta-imitazione. Dibattito interno a Forza Italia: a fare la sintesi, come al solito, è Berlusconi.

28 aprile 2014
W LA PAR CONDICIO, ANZI NO

La legge sulla par condicio, inventata dalla sinistra contro Berlusconi, oggi impedisce a Renzi di dilagare nelle trasmissioni televisive. È la legge del contrappasso.

29 aprile 2014
IL SENATO CHE VERRÀ

Una vignetta non così distante dagli obiettivi finali di qualcuno...

30 aprile 2014
MARINO BERLUSCONI

Ancora voci sulla discesa in campo di Marina... Berlusconi!

Ancora voci sulla discesa in campo di Marina... Berlusconi!

MAGGIO 2014

6 maggio 2014
TRATTATIVA SUL SENATO

La trattativa con i tifosi del Napoli sembra più fruttuosa di quella del Ministro Boschi sul Senato.

13 maggio 2014
QUANTI SEGRETI...

Ogni tanto giunge qualche rivelazione sulle pressioni internazionali contro il governo Berlusconi. Questo sì che sembra un argomento da segreto di Stato...

14 maggio 2014
FATTI DEL 2011

Tipico esempio di "non notizia" venduta come notizia sui media italiani.

15 maggio 2014
PRESSIONI INTERNAZIONALI

Chi non vede, chi non sente, chi non parla... Chi tutte e tre le cose insieme.

16 maggio 2014
#GENOVESESTAISERENO

Nasce la fattispecie dell'arresto elettorale. Sono in molti a rivendicarne la paternità.

19 maggio 2014
GIUNGLA FISCALE

I contribuenti verso il caos fiscale, mentre il governo tenta di gestire la situazione con una certa furbizia...

19 maggio 2014
CAOS LIBIA

Qualche teorico delle primavere arabe oggi mormora: aridatece Gheddafi!

19 maggio 2014
LEGGE SEVERINO

Inchieste, scandali, arresti: ma la legge Severino non avrebbe dovuto risolvere il problema della corruzione?

20 maggio 2014
POLITICI E COMICI

Qualunquismo verso i politici e qualunquismo verso i comici.

21 maggio 2014
GOGNA MEDIATICA

Grillo annuncia che dal giorno dopo le elezioni europee, se vincerà il Movimento 5 Stelle, si cominceranno i processi on line...

23 maggio 2014
PIAZZA MEZZA VUOTA

Polemiche sulla scarsa presenza di pubblico al comizio del leader del PD a Roma. L'impopolarità del sindaco della Capitale può aver influito negativamente...

26 maggio 2014
RISULTATO ELETTORALE

Pochi lo dicono, ma molti lo pensano...

27 maggio 2014
IL MAALOX DI GRILLO

Il popolo della rete in preda al delirio moralista se la prende anche con Grillo, accusato di fare pubblicità occulta ad un noto farmaco. Chi di rete ferisce...

28 maggio 2014
OPPOSIZIONE INTERNA: SSHH!!

Nel PD scompaiono gli anti-renziani. Ci sono soltanto i renziani della prima ora, i renziani da tempi non sospetti e gli amici di infanzia di Matteo...

29 maggio 2014
DIVORZIO BREVE

Libertà di licenziare = libertà di assumere.
Libertà di divorziare = libertà di sposarsi?

GIUGNO 2014

3 giugno 2014
SECONDA MANOVRA

Si riunisce la Commissione Europea e si apre l'ipotesi della necessità di una seconda manovra da parte del Governo. Richiederanno indietro gli 80 euro?

5 giugno 2014
MOSE-MOSÈ

Valanga di arresti per la vicenda del Mose. L'accento cade sulla vocale a forma di manetta.

9 giugno 2014
BALLOTTAGGI E COMUNISTI

Cadono due roccaforti rosse. Il PD vince, ma senza le vecchie certezze.

10 giugno 2014
CASO GEITHNER: COMMISSIONE D'INCHIESTA?

Il PD non sembra entusiasta della proposta di Forza Italia di istituire una commissione di inchiesta sul caso Geithner. Eppure in Parlamento avrebbe la maggioranza...

11 giugno 2014
VOTO SEGRETO SU RESPONSABILITÀ CIVILE DEI MAGISTRATI

Con voto segreto, e per la seconda volta nell'arco di due anni, la Camera approva un emendamento alla legge comunitaria sulla responsabilità civile dei magistrati. È più facile che si finisca per abolire il voto segreto che questa norma veda la luce...

12 giugno 2014
MARETTA NEL PD SULLE RIFORME

Il PD sostituisce Corradino Mineo in commissione Affari Costituzionali al Senato perché non in linea con il partito sul tema delle riforme. Renzi parla di veto...

13 giugno 2014
GIUSTIZIA GIUSTA, ANCHE NEL PALLONE!

Nella partita di esordio dei mondiali 2014 al Brasile viene assegnato un rigore inesistente. Lo sport, a volte, sembra una metafora della politica...

16 giugno 2014
DA OGGI SI PAGA...

In alcuni comuni arriva la stangata sulla TASI. Giusto dopo il voto di europee e ballottaggi...

17 giugno 2014
DECRETO P.A. CHI L'HA VISTO?

A quattro giorni dal varo ufficiale del decreto da parte del Consiglio dei Ministri, si sono perse le tracce del decreto P.A. C'è preoccupazione nel Paese per questa curiosa scomparsa...

18 giugno 2014
BERLUSCONI E L'ELEZIONE DIRETTA
DEL PRESIDENTE DELLA REPUBBLICA

Berlusconi rilancia sull'elezione diretta del Presidente della Repubblica. Una battaglia storica del centro-destra, ma buona per tutte le stagioni, come Berlusconi.

18 giugno 2014
PRESIDENZIALISMO

Renzi dice no all'elezione diretta del Presidente della Repubblica, ma forse, sotto sotto, ci fa un pensierino...

20 giugno 2014
AZZURRI IN CAMPO: FORZA ITALIA!

L'Italia in campo col Costa Rica. Per alcuni sarebbe verosimile una polemica tra Laura Boldrini e Cesare Prandelli...

23 giugno 2014
BUIO SUL DECRETO P.A.

Si continuano a non avere notizie del decreto P.A. scomparso da giorni. Che sia stato rapito da qualcuno?

24 giugno 2014
IL FUTURO DELL'ITALIA

Siamo alla vigilia del semestre europeo, ma l'attenzione dell'opinione pubblica è concentrata sulla partita con l'Uruguay.

25 giugno 2014
ELEZIONE DIRETTA DEL C.T. AZZURRO!

In un Paese in cui ogni barista è un "mister", sarebbe un buon esercizio di democrazia quello di far scegliere ai cittadini il commissario tecnico della nazionale.

26 giugno 2014
STREAMING ELETTORALE...

Dopo l'incontro in streaming tra Renzi e Di Maio si torna a parlare di preferenze per la legge elettorale nazionale. Pochi ricordano che furono abolite a furor di popolo con un referendum.

27 giugno 2014
LA RIFORMA DEL REGOLAMENTO DELLA CAMERA...

La Presidente della Camera si lancia in un'improvvida fuga in avanti sulla riforma dopo Regolamento, mentre al Senato si sta discutendo di riforme costituzionali e di superamento del bicameralismo perfetto.

30 giugno 2014
CAOS P.O.S.

Dal primo luglio entra in vigore l'obbligo (non sanzionato) per tutte le attività di essere muniti di P.O.S. per i pagamenti sopra i 30 euro. Imperversa la polemica.

LUGLIO 2014

3 luglio 2014
RIGORE EUROPEO...

A Strasburgo, durante l'avvio del semestre italiano di presidenza UE, prevale la linea del rigore della Germania di Angela Merkel. Altro che flessibilità...

4 luglio 2014
LEADERSHIP E CAVOLI...

Quella della leadership politica è una questione aperta da tempo. Ognuno ha la sua ricetta...

8 luglio 2014
I 10 SÌ DI GRILLO

Tra insulti e aperture continua lo strano "dialogo" tra Grillo e Renzi...

9 luglio 2014
FIRME PER LE PRIMARIE...

Dopo uno strano dibattito dentro Forza Italia, sono in molti (ma non tutti) gli azzurri che vanno a firmare la proposta di primarie per Fratelli d'Italia-Alleanza Nazionale.

10 luglio 2014
NODI SUL SENATO

Le riforme del Senato vanno in Aula, ma con ancora molti nodi irrisolti. Sembra di assistere alle partite dei mondiali in cui servono sempre i tempi supplementari...

14 luglio 2014
LA GERMANIA VINCE I MONDIALI

A volte nel calcio, come nella politica, si paragonano diversi campioni. Ma non sempre le aspettative vengono soddisfatte.

16 luglio 2014
DOPPIO COGNOME

A volte in Parlamento si affrontano temi importanti senza il necessario approfondimento. È il caso della legge sul doppio cognome.

17 luglio 2014
ECONOMIA E CRESCITA

Il ministro Padoan riferisce alla Camera sulla posizione italiana del vertice Ecofin dell'8 luglio.

18 luglio 2014
DOPO L'INCONTRO RENZI–DI MAIO...

Ogni tanto riemerge l'ipotesi delle preferenze...

18 luglio 2014
PROCESSO RUBY: BERLUSCONI INNOCENTE

Sentenza shock sul processo Ruby: Berlusconi assolto. Commozione di Berlusconi e gioia dei suoi sostenitori.

21 luglio 2014
SENTIMENTI E SENTENZE

Dopo l'assoluzione di Berlusconi, oltre alla gioia di chi lo ha sempre sostenuto, c'è anche la rabbia di chi lo ha sempre odiato.

23 luglio 2014
CONCORDIA E RIFORME

Il parallelo tra le riforme al Senato e la Costa Concordia sembra inevitabile...

24 luglio 2014
OSTRUZIONISMO ESTIVO

Scontri in Aula sulle riforme, blocco dei lavori da parte dell'opposizione, minacce di forzature da parte della maggioranza. A volte l'avvicinarsi della pausa estiva porta consiglio...

25 luglio 2014
IL M5S MARCIA SUL COLLE...

I parlamentari del M5S abbandonano i lavori di Camera e Senato per salire al Colle a protestare contro l'accelerazione impressa al Senato sulla riforma: ma il Presidente della Repubblica non c'è...

28 luglio 2014
RIFORME E CONCORDIA

Solo in Italia si può riuscire a trasformare l'epilogo di una tragica figuraccia a livello internazionale in un grande successo mediatico.

30 luglio 2014
CANGURO E BALZELLI

Al Senato, con lo strumento del "canguro" si riduce il numero degli emendamenti sulla riforma costituzionale. Esiste un "canguro" anche per ridurre le tasse?

AGOSTO-SETTEMBRE 2014

1 agosto 2014
RIDUZIONI DI SENATORI

Renzi si "vende" tutto, anche le proteste di una parte dell'opposizione contro le riforme costituzionali al Senato.

4 agosto 2014
DEBITI E VENDITE

Sembra ormai abituale trattare le istituzioni democratiche come se fossero semplicemente un costo...

5 agosto 2014
CRESCITA ZERO

Quando la crescita è zero... ...ci si diverte poco!

Quando la crescita è zero... ...ci si diverte poco!

5 agosto 2014
IMMUNITÀ

Si fa un gran parlare di immunità parlamentare, ma, al giorno d'oggi, probabilmente l'essere eletti in Parlamento costituisce un incentivo all'arresto.

6 agosto 2014
INCONTRO FRA RENZI E BERLUSCONI

A tutti gli effetti anche quest'altro incontro sembra essere stato positivo, almeno in apparenza...

7 agosto 2014
CATTEDRE E BOCCIATURE

Dopo la lectio *magistralis* di Schettino su come si gestisce un'emergenza, ormai dalla Sapienza ci si può aspettare di tutto...

2 settembre 2014
RIFORMA DEL LAVORO ALLA TEDESCA

Trapiantare una riforma tedesca nel mercato italiano sembra facile...

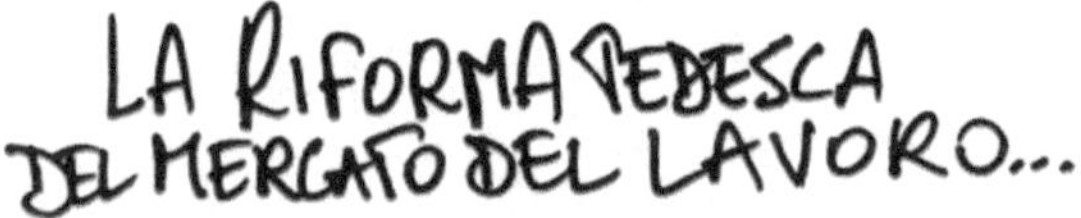

4 settembre 2014
PAGHETTE E ASSUNZIONI

Da un lato il governo blocca gli aumenti per i dipendenti pubblici, ma dall'altro promette assunzioni di oltre 140 mila insegnanti. Un comportamento sospetto, specie dal punto di vista elettorale...

8 settembre 2014
LEZIONI DAI TECNICI

Renzi non vuole accettare lezioni dai tecnici. Anzi: Renzi non vuole accettare lezioni.

9 settembre 2014
IL SELFIE PERDUTO

Altro "giallo" di fine estate: scompare un tweet di Renzi con una foto in cui appare non proprio in forma. L'argomento sembra stuzzicare le fantasie dei nostri media. Pietà!

11 settembre 2014
SBLOCCA-DECRETO...

Se la smettessimo di chiamare i decreti "Sblocca Italia", "Salva Italia", "Cresci Italia", non faremmo un soldo di danno... Specie considerando sia i tempi con cui vengono scritti, sia i risultati che producono.

11 settembre 2014
GIUSTIZIA AD OROLOGERIA...

Dopo aver annunciato ai quattro venti la riforma della giustizia, ora anche il PD comincia a sospettare che ci siano inchieste mirate e ad orologeria.

16 settembre 2014
1000 ANNUNCI

Curare la "annuncite" a colpi di "annuncite" non sembra una soluzione...

16 settembre 2014
GARANTISMO PER TUTTI!

L'intervento di Renzi in Parlamento sulla giustizia è applaudito dai deputati del PD, ma i veri garantisti lo sono con tutti, mica solo con i propri compagni di partito.

17 settembre 2014
TUTELE CRESCENTI...

Il PD recupera la vecchia tesi congressuale di Ichino, già rottamata in un passato congresso. Improvvisare un programma non è mai facile, specie quando la vera priorità è "sopravvivere"!

18 settembre 2014
ARTICOLO 18 E GOVERNO BERLUSCONI

L'unico licenziato ingiustamente negli ultimi anni sembra essere stato il Governo Berlusconi.

22 settembre 2014
REFERENDUM E ARTICOLO 18

Nel PD si parla di referendum interno sul tema dell'articolo 18, ma è scomodo ricordare che proprio sullo stesso tema ci fu un referendum vero e proprio per estendere l'articolo 18 a tutti i lavoratori.

24 settembre 2014
EURO E FALSI

La Gdf scopre a Caserta un'enorme quantità di banconote false.

29 settembre 2014
COMPLEANNI E REGALI

Berlusconi e Bersani fanno il compleanno nello stesso giorno... ...quando si dice le stranezze del destino.

OTTOBRE 2014

1 ottobre 2014
SPARI A ZERO

Dopo la retromarcia di Renzi sull'articolo 18 continuare a litigare sul Jobs Act ha poco senso, sia nel PD e sia fuori.

2 ottobre 2014
PROMESSE RENZIANE

Quando si spendono soldi che non si hanno si finisce per fare debiti. È una vecchia storia italiana che continua.

6 ottobre 2014
PARAGONI IMPROBABILI...

Dal sindacato si scomodano paragoni importanti tra Renzi e la Thatcher... gli piacerebbe!

7 ottobre 2014
A CHI SERVE LA FIDUCIA?

Il governo Renzi autorizza la fiducia la Senato. È forse l'unico modo per superare le difficoltà interne.

8 ottobre 2014
OCCUPAZIONE E FABBRICHE...

Alcuni sindacalisti parlano come se fossero negli anni '70. Ma in quegli anni le fabbriche c'erano ancora, oggi sono quasi tutte chiuse.

9 ottobre 2014
...E LA RIFORMA DEL LAVORO?

Per Forza Italia il Jobs Act è un bidone vuoto. Di riforma del lavoro neanche l'ombra.

14 ottobre 2014
CON DIVISIONE...

Quasi tutte le opposizioni lasciano la Giunta per il Regolamento della Camera. Presidenza e maggioranza vanno avanti da soli. Un esempio di forzatura illogica.

16 ottobre 2014
STA-BI-LI-TÀ

Sarà un caso che non appena il governo presenta la manovra (solo le slide) c'è una tempesta finanziaria che investe tutti i mercati internazionali?

17 ottobre 2014
PIOVE...

Scatta la rissa tra governo, regioni ed enti locali su chi dovrà aumentare le tasse.

20 ottobre 2014
BONUS E COPYRIGHT

Le buone idee sono fatte per essere copiate, diceva qualcuno. Il bonus bebè di Berlusconi era di 1000 euro. Quello di Renzi è di 80.

21 ottobre 2014
LEGGE DI STABILITÀ CERCASI

Della legge di Stabilità tutti ne parlano, ma nessuno l'ha ancora letta, almeno nella sua versione finale. È un po' un'araba fenice.

22 ottobre 2014
STRATEGIA DELLA PENSIONE

Si parla di spostare il pagamento delle pensioni al 10 del mese. Tanto per fare un altro po' di pasticci...

23 ottobre 2014
LETTERA DALL'EUROPA

La Commissione Europea ci chiede dei chiarimenti sulla manovra.

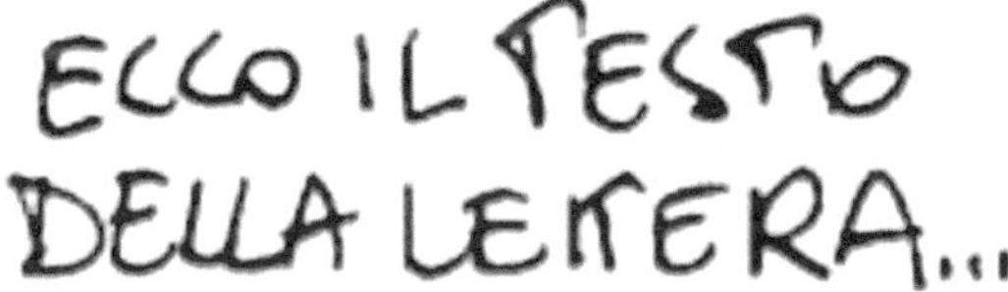

24 ottobre 2014
IUS...

Silvio Berlusconi apre al dialogo sulla riforma dei criteri di acquisto della cittadinanza.

28 ottobre 2014
#NONTRATTA

Una volta la CGIL e gli eredi del PCI erano contigui. Oggi meno...

31 ottobre 2014
NUOVO MINISTRO ALLA FARNESINA...

Tutti si aspettavano una donna alla Farnesina. E, invece, il nuovo ministro è Paolo Gentiloni!

NOVEMBRE 2014

3 novembre 2014
ANTI-CAMERA DIREZIONE PD

Ormai il Parlamento è diventato una succursale della Direzione Nazionale del PD.

4 novembre 2014
NUOVE REGOLE AL VIMINALE

Il Viminale vara nuove regole di ingaggio per le forze dell'ordine durante le manifestazioni.

10 novembre 2014
LEGGI ELETTORALI

Qual è la migliore legge elettorale possibile?

Qual è la migliore legge elettorale possibile?

11 novembre 2014
PRIMUM VIVERE

La maggioranza si riunisce a Palazzo Chigi. Tutti d'accordo su un punto: sopravvivere.

13 novembre 2014
SCRICCHIOLÌO

Renzi e Berlusconi si incontrano. Il patto del Nazareno è salvo. Ma i problemi economici restano.

14 novembre 2014
STERZATA A SINISTRA

La sinistra del PD incassa le modifiche alla delega sul lavoro approvata dal Senato. NCD protesta, ma fino ad un certo punto...

20 novembre 2014
QUARTO STATO

Tira aria di sciopero generale...

24 novembre
ELEZIONI REGIONALI

25 novembre 2014
IL DOPO ELEZIONI...

L'astensionismo danneggia molti, ma prima un solo partito...

28 novembre 2014
DIRETTORIO DI GRILLINO...

Nasce il primo organo interno del M5S...

184

DICEMBRE 2014

1 dicembre 2014
NO AL TOTO-QUIRINALE

Ci si prepara a un lungo Toto-Quirinale...

2 dicembre 2014
MUTI...

Prime smentite da Toto-Quirinale

3 dicembre 2014
RETROATTIVITÀ...

Sul tema della legge elettorale si scatenano le fantasie più perverse delle forze politiche...

4 dicembre 2014
A CIASCUNO IL SUO NAZARENO

A ciascuno il suo patto del Nazareno...

10 dicembre 2014
STRETTO

Da un lato la vicenda di Roma, dall'altro la crisi economica. Ma il "premier selfista" non si abbatte...

11 dicembre 2014
L'ANTIPOLITICA

C'è chi imputa alla politica il dilagare del sottobosco affarista e criminale. E se fosse vero il contrario?

12 dicembre 2014
SCIOPERI

Ciascuno trova una buona ragione per scioperare...

15 dicembre 2014
ROMA 2024

Monti non se l'era sentita di candidare Roma come sede olimpica. Renzi, invece, se la sente, nonostante le vicende di "mafia-capitale".

16 dicembre 2014
RIECCOLO?

E come in ogni dibattito sul futuro Presidente della Repubblica, ecco spuntare il nome del solito noto: Romano Prodi...

18 dicembre 2014
MATURITÀ

Molti discutono di una donna alla Presidenza della Repubblica. Quanto si dovrà aspettare per arrivare ad una elezione diretta?

19 dicembre 2014
PIANO JUNKER

Primi effetti pratici del cosiddetto "piano Junker" per il rilancio della crescita economica in Europa, che invece dei 300 miliardi di cui tutti parlano ne contiene solo 21...

22 dicembre 2014
PACCO DI STABILITÀ

Cosa ci sarà nel "pacco" regalo della Legge di Stabilità? Molti temono di trovare una vera e propria "mazzata fiscale"...

23 dicembre 2014
BUON NATALE 2014!

In queste giornate natalizie il desiderio più grande per molti è riportare a casa i nostri Marò.

7 gennaio 2015
CHARLIE HEBDO

Orrore a Parigi: tre terroristi islamici attaccano il giornale satirico Charlie Hebdo, uccidendo 12 persone, tra cui due agenti, il direttore Charb, i vignettisti Cabu, Tignouse e Wolinsky.

31 gennaio 2015
SERGIO MATTARELLA
PRESIDENTE DELLA REPUBBLICA

Con 665 voti Sergio Mattarella viene eletto Presidente della Repubblica al quarto scrutinio. Per lui una vignetta di auguri.

...e continuate a seguirmi su Twitter e Facebook!

Simone Baldelli